BOEKANALYSE

AF143446

Het menselijke beest

· · · · · · · · · · · · · · ·

ÉMILE ZOLA

BOEKANALYSE

Geschreven door Johanna Biehler
Vertaald door Nikki Claes

Het menselijke beest

Émile Zola

ÉMILE ZOLA

FRANS SCHRIJVER EN JOURNALIST

- **Geboren in 1840 in Parijs**
- **Overleden in 1902 in dezelfde stad**
- **Enkele van zijn werken:**
  - *Nana* (1880), roman
  - *Au Bonheur des Dames* (1883), roman
  - *Germinal* (1885), roman

Émile Zola wordt beschouwd als een van de belangrijkste romanschrijvers van de 19E EEUW in Frankrijk[e] . Hij is vooral bekend als leider van de naturalistische beweging, die de experimentele wetenschappelijke methoden van die tijd wilde toepassen op de literatuur: na het observeren van de werkelijkheid formuleerde Zola een hypothese en verifieerde die proefondervindelijk in zijn werken. De romancyclus van de *Rougon-Macquart,* het hoofdwerk van de auteur, is een illustratie van deze esthetiek. Dit fresco van twintig boeken een groot succes, ondanks de vele kritiek.

Zola staat ook bekend om de standpunten die hij inneemt en die vaak tot een veroordeling leiden. De meest beruchte daarvan is de Dreyfus-affaire, waarbij zijn pamflet *J'accuse… !* (1898) heeft sterk bijgedragen tot de succesvolle afloop van het proces tegen kapitein Dreyfus (1859-1935).

HET MENSELIJKE BEEST

STRAFZAAK IN DE FAMILIE ROUGON-MACQUART

- **Genre:** roman

- **Referentie-uitgave:** *La Bête humaine*, Parijs, Gallimard, collectie "Folio classique", 2003, 512 blz.

- **1re uitgave:** 1890

- **Thema's:** naturalisme, erfelijkheid, moorddadige impulsen, misdaad, geweld, personificatie

La Bête humaine, de zeventiende roman in de *Rougon-Macquart-reeks*, werd eerst als feuilleton gepubliceerd in de krant *La Vie populaire* voordat hij in maart 1890 in boekvorm verscheen.

In dit werk vertelt Zola het verhaal van Jacques Lantier, een spoorwegingenieur op de lijn Parijs-Le Havre. Hij wordt gekenmerkt door een morbide erfelijkheid en moorddadige impulsen die hem weghouden van vrouwen. Ondanks zijn voorzorgsmaatregelen valt hij voor de mooie Séverine Roubaud, de vrouw van een collega, en begint een affaire met haar, totdat zijn kwaad weer opduikt en hem het onherstelbare doet plegen.

SAMENVATTING

HOOFDSTUK I

Roubaud, adjunct-hoofd van het station van Le Havre bij de Compagnie de l'Ouest, brengt de dag door in Parijs waar hij is ontboden door zijn directie. Na zijn afspraak wacht hij op zijn vrouw Séverine, die van de reis gebruik heeft gemaakt om boodschappen te doen. Als Séverine arriveert, heeft het stel een rustige lunch, maar de toon wordt hoger als Roubaud verneemt dat de ring die Séverine altijd heeft gedragen aan haar is gegeven door magistraat Grandmorin, haar peetvader, die haar heeft opgevoed en misbruikt toen ze nog maar een kind was. Hij denkt dat Séverine de minnares van Grandmorin is en slaat haar. Gek van jaloezie besluit hij Grandmorin te vermoorden. Hij zet een val voor haar met de hulp van Séverine, die te bang is om enige vorm van rebellie te proberen. In een brief vraagt ze hem de trein te nemen van de hoofdstad naar haar landgoed Norman. Als de brief weg is, gaat het stel naar het station om dezelfde trein terug te nemen naar hun huis in Le Havre.

HOOFDSTUK II

Jacques Lantier, een van de monteurs van de Compagnie de l'Ouest, komt aan bij het Croix-de-Maufras, op de spoorlijn tussen Parijs en Le Havre. Hij komt zijn tante Phasie begroeten die voor hem zorgde toen hij een kind was. Ze woont samen met haar dochter Flore en haar man Misard. Vlakbij staat een groot, onbewoond burgerhuis van Grandmorin, dat in haar testament naar Séverine Roubaud gaat.

Tante Phasie heeft onlangs onder vreemde omstandigheden haar tweede dochter verloren: toen Louisette dienstmeisje was bij oma, ze op een nacht zwaargewond naar het huis van een buurman, Cabuche. Ze stierf aan haar verwondingen nadat ze de politie had verteld dat Grandmorin had geprobeerd haar te misbruiken. Het verhaal werd verzwegen. Jacques, gedreven door nieuwsgierigheid, breekt in bij Grandmorin, waar hij Flore vindt, die verliefd op hem is. Als zij zich aan hem aanbiedt, vlucht Jacques, overmand door het kwaad dat altijd aan hem heeft geknaagd: wanneer hij met een vrouw wordt geconfronteerd, wordt hij gekweld door het verlangen om te doden. Hij loopt lange tijd langs het spoor. Wanneer de trein uit Parijs passeert, ziet hij in een van de wagons een man de keel van een andere man doorsnijden. Verontrust gaat hij terug naar het huis van zijn tante, maar onderweg ontmoet hij Misard, die hem vertelt dat hij een lijk heeft ontdekt op het spoor. De twee mannen naderen het: het is Grandmorin. Als de politie arriveert, vraagt Jacques zich af of hij moet onthullen wat hij heeft gezien.

HOOFDSTUK III

De volgende ochtend nam Roubaud, nerveus, zijn post in op het station van Le Havre. Hij verneemt uit een bericht dat president Grandmorin dood is aangetroffen aan de kant van het spoor van Parijs naar Le Havre. De stationschef, die zich herinnert dat Roubaud de vorige dag met dezelfde trein is teruggekeerd, ondervraagt hem. Séverine wordt ook opgeroepen, zodat zij de verklaringen van haar man kan

bevestigen. Ze bevestigen dat ze de president hebben ontmoet, maar ze hebben de reis niet samen gemaakt.
Ondertussen arriveert Jacques en vertelt hen wat hij de
avond ervoor heeft gezien.

HOOFDSTUK IV

M. Denizet, de onderzoeksrechter belast met de zaak
Grandmorin, ontbood het echtpaar Roubaud, de dochter van
Grandmorin en haar man, Jacques Lantier en Mme Bonnehon,
de zus van het slachtoffer. Na lezing van het testament van de
overledene bleek hem dat het legaat van het huis van het
Croix-de-Maufras een goed motief kon vormen; zijn verden-
kingen richtten zich dus op de Roubauds. Wanneer Jacques
wordt ondervraagd, beseft hij dat Roubaud precies het por-
tret is van de moordenaar die hij in de trein zag. Maar, verontrust door Séverine, zwijgt hij. Uiteindelijk arresteert de
rechter Cabuche, de buurman van de Misard die naar het
huis van Louisette was gekomen om te sterven en die des-
tijds had gezworen haar te wreken. Wanneer hij de kamer van
de rechter verlaat, besluit Roubaud, die doorheeft dat
Jacques iets weet, zich met de monteur te bemoeien: hij wil
deze lastige getuige in de gaten houden.

HOOFDSTUK V

Séverine gaat Parijs, naar meneer Camy-Lamotte, die de
papieren van Grandmorin in orde moet brengen: ze wil er
zeker van zijn dat de brief die ze hem gestuurd heeft niet
gevonden is. Camy-Lamotte ontvangt haar met nieuwsgierigheid: hij heeft de brief gevonden en verdenkt de jonge

vrouw ervan de auteur te zijn. Via een list weet hij haar een brief te laten schrijven en moet hij de feiten onder ogen zien: het is inderdaad Séverine die de brief heeft geschreven. Hij begrijpt onmiddellijk dat het echtpaar Roubaud schuldig is, maar hen aanklagen zou de Compagnie de l'Ouest verzwakken. Daarom zwijgt hij liever. Séverine vindt vervolgens Jacques en voordat ze naar huis gaan, maken ze een wandeling. De jonge vrouw beseft dat de monteur zich tot haar aangetrokken voelt. Hij geeft haar halfslachtig toe dat hij de waarheid kent, maar belooft niets te onthullen. Het idee dat Séverine een moordenaar is, geeft haar in zijn ogen een bijzondere uitstraling.

HOOFDSTUK VI

Er is een maand verstreken sinds de moord op Grandmorin. De zaak is gesloten, Cabuche is vrijgelaten en de Roubauds lijken rustig. De enige schaduw is het horloge en het geld dat ze bij de moord hebben gestolen en thuis verbergen.

Jacques en Séverine ontwikkelen een tedere relatie en gaan stiekem met elkaar om. Met haar is Jacques gelukkig en verdwijnt zijn verlangen om te doden. Ze worden al snel geliefden en maken elke vrijdag een uitstapje naar de hoofdstad, de dag dat Jacques de trein bestuurt. Roubaud begint te gokken en maakt schulden.

HOOFDSTUK VII

De vrijdag daarop, in de buurt van La Croix-de-Maufras, stopte de trein, geblokkeerd door sneeuw. Het opruimen van de sneeuw duurt erg lang, dus stelt Misard aan Séverine voor om bij hem te komen opwarmen. Daar hoort Flore een kus tussen Jacques en de jonge vrouw. Woede stijgt in haar binnenste. Wanneer de trein eindelijk weer vertrekt, reageert de Lison (de locomotief), beschadigd, niet zo goed.

HOOFDSTUK VIII

Omdat de trein 's avonds heel laat in Parijs aankomt, is de terugreis pas de volgende dag gepland. Jacques en Séverine brengen de nacht samen door. Séverine voelt plotseling de behoefte om hem in vertrouwen te nemen en vertelt hem over de op Grandmorin. Jacques ondervraagt haar uitvoerig wat ze voelde toen ze hem vermoordde, en zijn moorddadige impulsen keren terug.

HOOFDSTUK IX

In Le Havre is Roubaud steeds vaker afwezig om te gokken, en zijn schulden worden groter. Dan begint hij te stelen van de buit die hij van Grandmorin stal op de dag van diens moord. Wanneer Séverine beseft dat haar man alles heeft uitgegeven, wordt ze woedend en neemt ze het horloge mee, dat ze aan Jacques toevertrouwt zodat Roubaud het niet kan gebruiken om zijn schulden te vereffenen.

Terwijl de twee geliefden in elkaars armen liggen in de flat van de Roubauds, verschijnt de echtgenoot en verrast hen. Omdat hij niet reageert, besluiten Jacques en Séverine zich niet langer te verstoppen. Roubaud stoort hen echter en ze besluiten hem te vermoorden. Op een nacht, terwijl Roubaud op wacht staat en zijn ronde doet in het station, volgen Jacques, gewapend met een mes, en Séverine hem. Maar op het laatste moment kan Jacques het niet opbrengen om toe te slaan.

HOOFDSTUK X

Flore, nog steeds woedend, wil wraak nemen op Séverine, en het is Cabuche die haar ongewild de middelen verschaft om haar plan uit te voeren: als de vrijdagstrein op het punt staat te arriveren, komt Cabuche voor het huis van zijn buren aan met een kar vol stenen; Flore maakt hiervan gebruik om de wagen op het spoor te duwen. De trein raakt de kar frontaal, waardoor een vreselijke ontsporing ontstaat. Séverine en Jacques blijven ongedeerd, maar bij het ongeluk vallen 15 doden en 32 zwaargewonden. Wanhopig en zich bewust van de gruwel van haar actie, gooit Flore zich onder een trein. Ondertussen trekt Séverine Jacques in bij haar huis aan het Croix-de-Maufras.

HOOFDSTUK XI

Jacques herstelt van zijn oppervlakkige wonden. Cabuche, heimelijk verliefd op Séverine, is zeer aanwezig en helpt de jonge vrouw met het huishouden. Na tien dagen geeft de dokter Jacques toestemming om weer aan het werk te gaan: hij brengt een laatste nacht door met Séverine in het huis van het Croix-de-Maufras. Maar de jongeman voelt zich ongemakkelijk omdat zijn moorddadige impulsen steeds sterker worden.

De geliefden besluiten een val te zetten voor Roubaud: ze willen dat hij naar het huis komt, hem vermoordt en vervolgens het lichaam op de weg gooit om het op een zelfmoord te laten lijken. Niets loopt echter volgens plan: Jacques wordt gek en grijpt het mes waarmee Roubaud de keel zou worden doorgesneden en doodt Séverine alvorens te vluchten. Hij passeert Cabuche die in de tuin rondsluipt, maar Cabuche herkent hem niet en gaat het huis binnen, waar hij Séverine op de grond vindt liggen. Op dat moment komen Roubaud en Misard aan.

HOOFDSTUK XII

Er zijn drie maanden verstreken sinds de dood van Séverine. Cabuche is gearresteerd voor de moord op de jonge vrouw, maar ook voor die op Grandmorin. Wat Roubaud betreft, hij zit in de gevangenis omdat hij opdracht heeft gegeven voor beide moorden. Hij wordt ervan verdacht Grandmorin te hebben laten vermoorden om de aan zijn vrouw beloofde erfenis sneller te ontvangen, en zich van Séverine te hebben willen ontdoen om alleen van het geld te kunnen genieten. Beide mannen zijn veroordeeld tot levenslange gevangenisstraf.

Wat Jacques betreft, hij heeft zijn post ingenomen op een nieuwe machine. Maar de vijandigheid met zijn chauffeur groeit omdat Jacques een affaire heeft met zijn minnares. Op een avond komt de chauffeur stomdronken op zijn werk aan en weigert de bevelen van Jacques op te volgen. Ze raken slaags terwijl de trein op de rails wordt gegooid. Tijdens het gevecht vallen ze en worden uit elkaar gerukt door de wielen.

KARAKTERSTUDIE

JACQUES LANTIER

Jacques Lantier is een lange, donkerharige jongeman van 26: "Een knappe jongen met een rond, regelmatig gezicht, maar bedorven door sterke kaken. Zijn haar, hard geplant, krulde, evenals zijn snorren, zo dik, zo zwart, dat ze de bleekheid van zijn teint verhoogden." (p. 65) Verlaten door zijn ouders wordt hij opgevoed door zijn tante Phasie, voor wie hij een diepe genegenheid koestert. Hij bezocht de Ecole des Arts et Métiers en koos bij zijn vertrek voor het beroep van spoorwegmonteur, aangetrokken door de eenzaamheid van het werk.

Sinds zijn adolescentie heeft hij last van hevige hoofdpijnen die hem in een staat van bewusteloosheid brengen. Hij wordt vaak bevangen door gewelddadige impulsen, droomt ervan bloed te vergieten en de sensaties die een moordenaar voelt bij het moorden. Hij heeft vooral last van het gezelschap van vrouwen, en daarom vlucht hij voor hen. Het verhaal gaat over zijn strijd om geen monsterlijke man te worden. Desondanks heeft hij een affaire met Séverine, de vrouw van de onderchef van het station van Le Havre, waarbij hij zijn nicht Flore, die verliefd op hem is, achterlaat. Hoewel hij een tijdje vrij van zijn impulsen lijkt te zijn, snijdt hij uiteindelijk de keel van zijn minnares door, maar wordt niet gearresteerd.

Hij sterft tijdens een ruzie met zijn machinist als hij op het spoor valt. Hij is een psychisch zieke man. Zich bewust van zijn toestand probeert hij aan zijn neuroses te ontsnappen, maar tevergeefs: aan het eind van de roman triomfeert zijn beestachtigheid.

SÉVERINE ROUBAUD

Séverine Roubaud is een jonge vrouw van 25: "Ze leek lang, slank en zeer soepel, dik en toch met kleine botten. Ze was op het eerste gezicht niet mooi, met een lang gezicht, een sterke mond, verlicht door bewonderenswaardige tanden. Maar als je naar haar keek, was ze verleidelijk door de charme, de vreemdheid van haar grote blauwe ogen, onder haar dikke zwarte haar." (p. 33) Ze wekt het verlangen van alle mannen in de roman: ze is de vrouw van Roubaud, de vroegere "minnares" van president Grandmorin en de minnares van Jacques; Cabuche is heimelijk verliefd op haar en zelfs de secretaris-generaal Camy-Lamotte speculeert erover haar te chanteren om haar gunsten te verkrijgen.

Ze is de dochter van Grootmorin's tuinman. Na de dood van haar vader wordt ze door hem, die ook haar peetvader is, onder zijn hoede genomen. Toen ze met Roubaud trouwde, kwam het stel onder bescherming van de magistraat. Hij liet haar het Croix-de-Maufras eigendom na in zijn testament. Later leren we dat Séverine, die door Grandmorin werd misbruikt toen ze jong was, zijn 'minnares' is, wat haar man gek maakt van jaloezie als hij erachter komt. Ze helpt hem de magistraat te vermoorden, maar vanaf dat moment valt haar relatie uiteen. Dan neemt ze Jacques Lantier als haar minnaar, die haar uiteindelijk vermoordt.

Aan het begin van de roman lijkt ze een fragiele en volgzame jonge vrouw: ze gehoorzaamt zonder nadenken aan Grootmorin die misbruik van haar maakt, en vervolgens aan haar man door hem te helpen hun beschermer te vermoorden. Maar geleidelijk aan verlaat ze haar passiviteit om degene te worden die aanzet tot het kwaad: tijdens haar affaire met Jacques zet ze hem aan om Roubaud te vermoorden.

ROUBAUD

Roubaud nadert de veertig, heeft rood en krullend haar: "Zijn baard, die hij vol droeg, was ook dik, van een zonnig blond. En, van gemiddelde lengte, maar van buitengewone kracht, hield hij van zijn persoon, tevreden met zijn enigszins platte hoofd, met een laag voorhoofd, een dikke nek, en een rond, optimistisch gezicht, verlicht door twee grote levendige ogen. (p. 31) Hij is een consciëntieuze werknemer en dankt zijn ontwikkeling aan zijn huwelijk met Séverine: door haar bevoorrechte relatie met president Grandmorin wordt hij souschef van het station van Havre. Maar hij is ook een brute en gewelddadige man die alleen zijn instincten gehoorzaamt – hij wordt vaak vergeleken met een dier. Wanneer hij hoort van de affaire van zijn vrouw met Grandmorin, maakt jaloezie hem zo gek dat hij de president in de trein brutaal de keel doorsnijdt. Na deze moord gaat zijn leven langzaam achteruit: hij begint te gokken, maakt schulden, communiceert niet meer met zijn vrouw en reageert zelfs niet als hij haar in de armen van haar minnaar betrapt. Hij lijkt ook meer en meer van zichzelf vervreemd en zwerft voortdurend tussen het station en het café. Uiteindelijk wordt hij gearresteerd omdat hij opdracht heeft gegeven tot de moord op Grandmorin en Séverine.

FLORA

Flore is de neef van Jacques Lantier. Zij is "een lang meisje van achttien, blond, sterk, met een dikke mond, grote groenige ogen, een laag voorhoofd, onder haar. Ze was niet mooi, ze had sterke heupen en de harde armen van een jongen" (hoofdstuk II). Zij wordt voorgesteld als een wilde, naar het beeld van de streek Croix-de-Maufras, die zij goed kent, en wordt beschreven als een sterke vrouw van opmerkelijke lengte. Haar zus Louisette stierf na misbruik door Grandmorin. Ze woont met haar moeder Phasie en haar stiefvader Misard in het poortgebouw naast het Croix-de-Maufras.

Zij is al lange tijd verliefd op Jacques, maar stoot al zijn vrijers af. Ze is erg jaloers en voelt zich verraden door haar neef wanneer deze Séverine tot maîtresse neemt en voelt het "woeste instinct om te vernietigen" (hoofdstuk X). Om de geliefden te doden veroorzaakt ze een grote spoorwegramp door Cabuche's kar vol stenen op de rails te duwen. Hoewel bij het ongeluk verschillende mensen omkomen en vele anderen gewond raken, ontsnappen Lantier en Séverine ongedeerd. Niet in staat om de gruwel van haar actie te verdragen, werpt ze zich voor een trein: "Rechtop in haar lange, soepele standbeeldachtige gestalte, evenwichtig op haar sterke benen, bewoog ze zich naar voren. [...] En, in de vreselijke schok, in de omhelzing, richtte zij zich weer op, alsof zij, opgetild door een laatste opstand van een worstelaar, de kolos wilde omhelzen en hem neerslaan. (*id.*)

SLEUTELS TOT HET LEZEN

DE NATURALISTISCHE ROMAN

De geschiedenis van de naturalistische roman begon in 1865 met de publicatie van *Germinie Lacerteux* van Edmond (1822-1896) en Jules (1830-1870) de Goncourt, waarin de ondergang van een plattelandsmeisje dat in Parijs aankomt en haar ondergang wordt beschreven. De zogenaamde naturalistische schrijvers werden geïnspireerd door wetenschappelijke observatiemethoden, met name thermodynamica en geneeskunde. Zij gingen dus een stap verder in het werk van de realisten, die vooral geïnteresseerd waren in de arbeidersklasse, en probeerden neuroses, waanzin, impulsen en, in het kader van *La Bête humaine*, wat Zola de "dove vegetaties van de misdaad" noemde, op te roepen.

Zola's naturalisme kan worden onderverdeeld in twee verschillende perioden: de eerste begint met de publicatie van *Mes Haines* (1866) en eindigt in 1878 met het lezen van Claude Bernards (fysioloog, 1813-1878) *Introduction à l'étude de la médecine expérimentale*. In die tijd verwierp hij de ideeën van Hippolyte Taine (Frans filosoof, 1828-1893), die volgens hem veel te veel belang hechtte aan het determinisme (de ontkenning van de vrije wil) en onvoldoende rekening hield met het vraagstuk van de persoonlijkheid. De tweede periode van het Zoliaanse naturalisme was die waarin hij zijn doctrine van de experimentele methode ontwikkelde, d.w.z. dat de observatie van een situatie het mogelijk maakt hypothesen te formuleren die door de ervaring worden bevestigd of weerlegd. In 1880 publiceerde hij *Le roman expérimental, een* verzameling artikelen waarin hij zijn nieuwe theorie presenteerde:

> *"Het doel van de experimentele methode, in de fysiologie en de genees-kunde, is het bestuderen van verschijnselen om ze te beheersen [...] deze droom van de fysioloog en de experimentele arts is ook die van de roman-schrijver die de experimentele methode toepast op de natuurlijke en soci-ale studie van de mens [...] Wij zijn, in één woord, experimentele moralisten, die proefondervindelijk aantonen hoe een passie zich gedraagt in een sociale omgeving. [...] In één woord, wij zijn experimen-tele moralisten, die proefondervindelijk aantonen hoe een passie zich gedraagt in een sociale omgeving.*

Dit experiment wordt uitgevoerd aan de hand van een fami-liesaga, *Les Rougon-Macquart*.

NATURALISME EN ERFELIJKHEID

"Ik wil uitleggen hoe een familie, een kleine groep wezens, zich gedraagt in een samenleving, door tien, twintig indivi-duen voort te brengen die op het eerste gezicht sterk van elkaar verschillen, maar waarvan uit analyse blijkt dat ze nauw met elkaar verbonden zijn. Erfelijkheid heeft zijn wet-ten, net als zwaartekracht", verklaart Zola in het voorwoord van *La Fortune des Rougon*, het eerste deel van de romansaga van de *Rougon-Macquarts*. Uitgaande van een dubbel postu-laat – de mens is geconditioneerd door zijn omgeving en door erfelijkheid – plaatste Zola zijn personages in een pre-cieze omgeving, bestudeerde hen vervolgens als een arts en beschreef de feiten die zich gezien de basispostulaten moes-ten voordoen.

In *La Bête humaine* benadrukt Zola herhaaldelijk de zware familie-erfenis die Jacques met zich meedraagt. Hij is de zoon van Gervaise Macquart, die dakloos stierf in Parijs na een alcoholverslaving, en van Auguste Lantier, haar minnaar, een man zonder moraal. Zijn overgrootmoeder, Adélaïde Fouque, een van de hoofdpersonen in *La Fortune des Rougon*, stierf krankzinnig, in een gesticht. In *La Bête humaine wordt* meermaals vermeld dat Jacques in zijn adolescentie aan vreemde aanvallen leed: pijnen die zijn schedel verdraaiden, hem koortsig en depressief maakten, of hem als een dier in een hol deden verschuilen. Deze verdwenen niet met de volwassenheid, maar werden omgezet in moorddadige impulsen. Voor Zola is dit gebrek een last die zijn familie hem heeft nagelaten: een gekke overgrootmoeder en een alcoholistische moeder konden hem alleen maar een persoon bezorgen die ook aan psychologische problemen lijdt. Verscheurd worstelt Jacques om deze moorddadige verlangens van zich af te houden. Hij slaagt een tijdje en denkt zelfs het geluk gevonden te hebben met Séverine. Maar zijn eerste instincten halen hem in en aan het eind van de roman kan hij zich niet langer beheersen en doodt hij de jonge vrouw. Zola besluit met deze woorden: "[…] Hij was zojuist meegesleurd door de erfelijkheid van het geweld." (p. 419)

JACQUES EN DE LISON

Jacques, gedwongen om vrouwen te ontvluchten, richtte zijn liefde op zijn locomotief, die in de roman gelijkgesteld wordt met een vrouw: "En het is waar dat hij er met liefde van hield, zijn machine, gedurende de vier jaar dat hij die bestuurde […] Als hij van die machine hield, was dat echt omdat ze goede eigenschappen had. [Als hij van haar hield, was dat omdat ze de kwaliteiten van een goede vrouw had. (p. 196) Ze wordt genoemd (de Lison) en zelfs gepersonifieerd: "Ze was een van die express machines, met twee gekoppelde assen, van een fijne en gigantische elegantie, met haar grote lichte wielen verbonden door stalen armen, haar brede borst, haar langgerekte en krachtige lendenen." (p. 195) Het gebruikte lexicale veld is inderdaad het veld dat men meer zou gebruiken om een mens te beschrijven: de machine is begiftigd met armen, met nieren. Bovendien verzorgt James het als een persoon.

Na zijn ontmoeting met Séverine begint de Lison, die tot dan toe onberispelijk was, minder goed te functioneren, zoals we met name ontdekken tijdens de aflevering van de reis in de sneeuw, wanneer de trein bij het Croix-de-Maufras lange tijd geblokkeerd is. Als de motor weer aanslaat, vraagt Jacques zich af of zijn Lison aan "ernstige innerlijke stoornissen [;] niets is delicater dan het ingewikkelde mechanisme van de laden, waar het hart klopt, de levende ziel" (p. 274). De loco-motief wekt zo de indruk te reageren alsof gekwetst is door de relatie tussen zijn monteur en Séverine.

Een meer algemene vergelijking tussen mens en machine is te zien in de roman. Het hectische ritme van de locomotief wordt herhaaldelijk vergeleken, of op zijn minst vergeleken, met het ritme van het menselijk leven, of zelfs met het onbe-heersbare geweld dat verschillende personages in de roman kenmerkt. De auteur beschrijft bijvoorbeeld de Le Havre die "in zijn stormachtig geweld afging, alsof hij alles voor zich uit veegde":

> *"Het was een donderslag bij heldere hemel: in één keer volgden de wagons elkaar op, de kleine vierkante ramen van de deuren, hevig verlicht, paradeerden compartimenten vol reizigers, in zo'n duizelingwekkende snelheid, dat het oog toen twijfelde aan de geziene beelden."* (p. 90)

Dit is een beschrijving van een machine die op volle snelheid wordt gelanceerd, die door niets lijkt te kunnen worden gestopt. Dit beeld doet denken aan Roubaud's uitbarsting van geweld in hoofdstuk I, wanneer hij in razernij raakt als hij hoort van Séverine's affaire met Grandmorin:

> *"Roubaud's woede is nooit afgenomen. Zodra het een beetje leek af te nemen, keerde het onmiddellijk terug, als een dronkenschap, in grote, verdubbelde golven, die hem in hun duizeligheid meevoerden. Hij bezat zichzelf niet langer, versloeg de leegte, geworpen op alle schokken van de wind van geweld waarmee hij gegeseld werd, terugvallend op de enige behoefte om het huilende beest in te kalmeren. (p. 53)*

De mens is, net als de machine, niet te stoppen als hij verstrikt raakt in zulke destructieve impulsen.

EEN MISDAADROMAN

De pers van die tijd was zeer gespitst op strafzaken en men vindt in haar bladzijden vaak een samenvatting van bepaalde processen. Zola zelf schreef voor *La Tribune* een verslag van het proces tegen de drie vergiftigers uit Marseille, een beroemd geval uit die tijd. Geconfronteerd met deze rage wilde de schrijver een "juridische roman" opnemen in de *Rougon-Macquart* cyclus: dit werd natuurlijk *La Bête humaine*. Zola woonde toen in Médan, aan de rand van de spoorlijn tussen Parijs en Le Havre. Daarom stelde hij zich het decor voor zijn werk voor door de trein elke dag voor zijn ogen te zien passeren.

The Human Beast is een roman vol geweld die het verhaal vertelt van verschillende misdaden, waarvan de eerste, die van Grandmorin, leidt tot alle andere. Mensen doden heel gemakkelijk, en altijd om verachtelijke redenen zoals jaloezie, gierigheid of een voorliefde voor bloed. In het licht van deze brutaliteit wordt het doden, naarmate de plot vordert, een steeds banalere daad. In het begin, wanneer Roubaud besluit Grandmorin te vermoorden, zet hij een slimme en koelbloedige val op. Séverine, die zich later van haar man wil ontdoen om bij haar minnaar te gaan wonen, vraagt Jacques om Roubaud te vermoorden, heel eenvoudig, zonder duidelijk wroeging of gewetenswroeging. In feite voelt Roubaud op geen enkel moment de minste angst voor zijn daad. Hij heeft Grandmorin vermoord, maar heeft er geen spijt van, ook al veroorzaakt het hem grote opwinding en intense nervositeit. Jacques verlangt ook naar de dood; het is zelfs een deel van zijn wezen, want hij voelt al van jongs af aan moorddadige impulsen: "O, om zo'n steek te geven, om dit verre verlangen te bevredigen, om te weten wat men voelt, om deze minuut te proeven waarin men meer leeft dan in zijn hele bestaan." (p. 299) Alleen, wanneer Séverine hem vraagt haar man te doden, is Jacques daartoe niet in staat. Voor hem moet de misdaad voortkomen uit een impuls, niet uit reflectie, het moet het resultaat zijn van een plotselinge drang. Daarom zal hij Roubaud laten leven, maar Séverine doden.

De studie van het karakter van Jacques is een fundamenteel onderdeel van het werk. Zoals Dostojevski (Russische romanschrijver, 1821-1881) in *Misdaad en straf* (1866) – een roman waarin de ziel van de held, een misdadiger, uitvoerig wordt bestudeerd, ontleed, om de redenen te begrijpen die hem ertoe brachten de misdaad te plegen en de gevoelens die hem na zijn daad overspoelen – gaat Zola uitvoerig in op de persoonlijkheid van Lantier. Hij is een man die altijd al bewoond is geweest door het kwaad, aangezien zijn moorddadige impulsen zich al heel vroeg in zijn leven manifesteerden. Hij is het slachtoffer van een soort gespleten persoonlijkheid, een dualiteit zoals Dr Jekyll en Mr Hyde in de gelijknamige roman van Stevenson (Schotse schrijver, 1850-1894): Jacques voelt deze impulsen, maar hij probeert koste wat kost moord te vermijden. In dit opzicht kan gezegd worden dat Zola werkelijk een "menselijk beest" beschrijft, een dier met een menselijk gezicht dat uiteindelijk verstrikt raakt in zijn bestialiteit.

MOGELIJKHEDEN TOT BEZINNING

ENKELE IDEEËN VOOR VERDERE REFLECTIE...

- Verklaar de titel van het werk in relatie tot je lezing.

- Waarin verschilt Cabuche van de andere personages in de roman?

- Bestudeer de evolutie van Severine's karakter. Plaats je haar aan de kant van de slachtoffers of aan de kant van de daders? Motiveer je antwoord.

- In hoeverre is Jacques Lantier de baas over zijn lot?

- Welk beeld van liefde presenteert Zola in zijn roman?

- In *La Bête humaine wordt* veel gesproken over rechtvaardigheid. Hoe behandelt Zola dit concept? Welke visie geeft hij daarop?

- Welke historische aanwijzingen worden in de roman gegeven? Kunnen we zeggen dat *La Bête humaine* een historische roman is? Leg uit.

- In welk opzicht is deze roman naturalistisch? Leg dat eens uit.

- Welke rol speelt het dorp La Croix de Maufras in de plot? Waarom heeft Jacques een vreemd gevoel elke keer als hij daarheen gaat? Werk uw antwoord uit aan de hand van concrete voorbeelden.

- Is de spoorwegomgeving volgens u slechts een decor voor het verhaal? Motiveer je antwoord.

OM VERDER TE GAAN

REFERENTIE-UITGAVE

ZOLA É., *La Bête humaine*, Parijs, Gallimard, collectie "Folio classique", 2003, 512 blz.

BENCHMARKSTUDIES

BECKER C., *Le roman naturaliste*, Parijs, Bréal, coll. "Connaissance d'un thème", 1999.

BECKER C., *Lire le réalisme et le naturalisme*, Parijs, Armand Colin, coll. "Lettres sup", 2010.

MITTERAND H., *Zola et le naturalisme*, Parijs, PUF, "Que sais-je?

NOËL L., "Le principe du déterminisme", in *Revue néo-scolastique*, n° 45, 1905.

AANPASSINGEN

La Bête humaine, film van Jean Renoir, scenario van Jean Renoir, met Jean Gabin, Simone Signoret en Fernand Ledoux, Frankrijk, 1938.

Human Desires, film van Fritz Lang, scenario van Alfred Hayes, met Glenn Ford en Gloria Grahame, USA, 1954.

*We horen graag van jou! Laat
een reactie achter op jouw online bibliotheek
en deel je favoriete boeken op social media!*

De uitgever garandeert de betrouwbaarheid van de gepubliceerde informatie, die echter niet onder zijn verantwoordelijkheid valt.

www.50minutes.com

Master ISBN: 9782808688406
Papier ISBN: 9782808699808
Wettelijk depot: D/2023/12603/1260

Omslag: © Primento

Digitaal ontwerp: Primento, de digitale partner van uitgevers.